Drum Training
Volume 2

유 상 일 저자

장르별 이해와 응용패턴

창조와 지식

Drum Training
Volume 2 | 장르별 이해와 응용패턴

초판 1쇄 발행 2023년 10월 11일
지 은 이 유상일

출 판 사 창조와 지식
주   소 서울특별시 강북구 덕릉로 144
대표전화 1644-1814

ISBN 979-11-6003-640-4
정 가 14,000원

머리말

안녕하세요. 저자 드러머 유상일입니다.

많은 공부를 했지만 결과적으로 우리가 알아야 할 것은 기초입니다. 그리고 기초를 알기 위해서는 이론이 매우 중요합니다. 제가 지금 IP tv(쿡tv, sk브로드밴드tv, myLGtv) 방송 중인 초급 기초과정과 중급 응용과정을 그대로 책으로 만들었습니다. 또한 클래스101 인터넷 플랫폼에서도 교재 내용을 볼 수 있습니다.

그리고 이 책을 만든 이유가 바로 여기에 있습니다. "저의 신조는 '이론이 되면 플레이가 된다.'입니다. 이 교재에서는 이론을 중심적으로 강의합니다. 그리고 강의로 끝나는 것이 아니라 여러분의 아이디어를 이끌어내어서 직접 플레이에 적용해보기도 할 것입니다. 모든 것이 처음부터 다 잘 할 수는 없습니다. 조바심을 가지지 말고 차근차근히 교재를 따라서 연습하다 보면 어느새 드럼과 친해져있는 여러분을 발견하게 될 것입니다. 여유 있는 마음을 가지고 열심히 연습하는 여러분이 되시길 바랍니다.

저자 유상일

<학력>

미국 MI College of Contemporary Music 예술학사졸업
경희대학교 포스트모던음악학과 전공
경희대학교 아트퓨전디자인대학원 실용음악학과 석사졸업
경희대학교 일반대학원 응용예술학과 실용음악학과 박사 과정

<교육경력>

현 경희대학교 포스트모던음악학과 겸임교수
현 경희대학교 아트퓨전디자인 대학원 겸임교수
현 백석예술대학교 실용음악학과 외래교수
현 정화예술대학교 실용음악학과 외래교수
현 서울미래음학교 음악부장
전 서울실용음악고등학교 음악부장
전 중부대학교, 한양여자대학교, 백석대학교 음악대학원, 숭실대학교, 계명대학교,
　명지대학교 문화예술대학원, 호서대학교 실용음악학과 출강

<유상일의 아이디어드럼 방송 콘텐츠>

1. 2011-2020 CJ tv 유상일의 아이디어 드러밍 TV방송 (초급20강의, 중급20강의)
2. 2011-2020 kT올레tv 유상일의 아이디어 드러밍 TV방송 (초급20강의, 중급20강의)
3. 2011-2020 디지털케이블tv 유상일의 아이디어 드러밍 TV방송 (초급20강의, 중급20강의)
4. 2011-2020 LG유플러스tv 유상일의 아이디어 드러밍 TV방송 (초급20강의, 중급20강의)
5. 2011-2020 SK브로드밴드tv 유상일의 아이디어 드러밍 TV방송 (초급20강의, 중급20강의)
6. 2011-2020 ㈜ 미디어로그tv 유상일의 아이디어 드러밍 TV방송 (초급20강의, 중급20강의)
7. 2021-현재 유상일의 Idea Drumming 초급, 중급드럼 CLASS101(인터넷 영상콘텐츠)

<방송>

1. SBS TV 방송출연-SBS 특집다큐 "대안교육을 돌아보다" (인터뷰)
2. 엠넷 방송출연-가수 유승우편 심사 방송 (심사위원으로 출연)
3. CBS 라디오 공개방송 출연-가스펠아워 " 골든메이트 " (공연 및 인터뷰)
4. CBS 라디오 방송출연-CCM캠프 " 골든메이트 " 출연 (인터뷰)
5. CTS 라디오 방송출연-CTS 라디오 JOY 출연 (인터뷰)

<앨범>

1. 2010.04.07. 비 (Rain) 6집 " Back To The Basic "드럼세션
2. 2011.05.03 골든메이트 1집 (Golden Mate)
3. 2011.04.15. The Nu Gospel Project 앨범발매
4. 2012.06.11. 더 빔 (The Beam) 1집 " First Step "발매
5. 2014.06.27. 더 빔 (The Beam) 2집 발매
6. 2016.10.05. 미스터 알렌 프로젝트 싱글앨범
7. 2018.4.6. 더빔 디지털 싱글앨범 "달리기"

8. 2018.10.15. 더빔 디지털 싱글앨범 " I MISS YOU "
9. 2019. 2. 20 더빔 디지털 싱글앨범 " 날마다 "
10. 2019. 5. 30 더빔 디지털 싱글앨범 " 살아계신주 "
11. 2019. 11. 6 더빔 디지털 싱글앨범 " 바보 "

<공연 및 특강>
1. 2014 단독콘서트 및 세션- 더빔 쇼케이스 (노리터 플레이스)
2. 2013 단독콘서트 및 세션- 올레스퀘어 톡 콘서트 " 재즈 앤 더 시티 "
3. 2018 단독콘서트 및 세션- 제2회 상명재즈페스티벌 " 더빔공연 "
4. 2018 단독콘서트 및 세션- 나니아의 옷장 " 골든메이트 "2018
5. 2014 단독콘서트 및 세션- 한화 aqua concert " 더빔 콘서트 "
6. 2009-2020 재즈클럽 공연 다수 등 (클럽 오뙤르, 에반스, kt올레스퀘어)
7. 2017 드럼 마스터클래스 드러머 유상일 초청 " 리듬트레이닝 출판기념 "
8. 2014 제1회 olah worship & music school 드럼 특강 2014
9. 2015 제2회 olah worship & music school 드럼 특강 2015
10. 2013 국회특강- 제1차 법학전문대학원생 국회실무수습 특강
　　　　　" 한국 대중음악의 해외진출과 실용음악과 교육현황" 특강

<드럼 콘텐츠 기획 및 연출>
1. 서울실용음악고등학교 드럼전쟁 시즌1~시즌5 총 기획 및 연출

<저서>
1. 2013.09.05. 아이디어 드럼(아름출판사)
2. 2017.01.30. 드럼을 위한 리듬트레이닝 1(스코어출판사)
3. 2017.01.30. 드럼을 위한 리듬트레이닝 2(스코어출판사)
4. 2017.08.18. 드럼 리딩의 정석(좋은땅 출판사)
5. 2017. 09 드럼리딩(도서출판 지피에스)
6. 2017.09.28. 스네어 드럼의 정석(좋은땅 출판사)
7. 2018.05.24. Rhythm School(중국학생을 위한 리듬교재)
8. 2020.3.19. The End of Drum 입문편(좋은땅 출판사)

추천의 글

기본기의 습득과 더불어 실제 연주에서의 다양한 응용이 가능하도록 저자의 세심한 배려가 돋보이는 교재로서 실용음악 드럼전공을 희망하는 예비뮤지션들에게 이 책을 추천해 드립니다.
(경희대학교 포스트모던학과 홍성규 교수)

최근 실용음악 분야의 질적, 양적 팽창은 그 어떤 분야의 그것보다 눈부시게 증가하고 있습니다. 척박한 우리나라의 실용음악 연주 부분에 있어서의 지난 20여년간의 발전은 참으로 놀라지 않을 수 없습니다. 그 발전의 중심에는 열정적이고 사명감 있는 젊은 연주인들의 부단한 노력이 있었음을 부인할 수 없습니다. 그런 의미에서 유상일의 아이디어 드럼에는 그간에 연구하고 정리했던 드럼 연주에 관한 기술과 철학이 고스란히 정리되어 있다고 생각됩니다. 지금부터 여러분들은 드러머 유상일의 스마트한 드럼을 느껴보시기 바랍니다. 아이디어 드럼과 함께 한다면 실용적이고 현명한 연주의 길이 보다 빨리 열릴 것을 확신합니다. **(MBC 나는 가수다2 자문위원, 한양여자대학 실용음악학과 손무현 교수)**

드럼에 대한 기초와 응용 그리고 무엇보다 다른 악기와의 앙상블에 대한 이야기까지 다루는 좋은 책이 출간되어 기쁘다. 드럼을 칠 줄 모르는 나에게 드럼 세트에 앉아 드럼을 연주하게 만드는 책이다.
(밴드 YB 베이시스트 박태희)

지금 드럼을 시작하는 친구들, 현재 밴드에서 활동하고 있는 드러머들 중에 기초가 부족한 친구들에게 추천하고 싶은 책입니다. 드러머가 되기 위해서 알아야 할 내용이 들어 있는 좋은 교재라고 생각합니다.
(밴드 부활 베이시스트 서재혁)

이 책은 기초적인 것을 다루었지만 드럼을 연주하고자 하는 모든 사람들이라면 꼭 알아야 할 가장 중요한 것을 쉽게 재밌게 다룬 책입니다. 기초가 튼튼해야 멋진 연주도 할 수 있습니다.
(미국 MI KIT 교수 Joyce Hyun Kim)

다년간 드럼 교육에 헌신해온 유상일 교수께서 자신의 핵심 노하우들을 책으로 정리하였다.
드러머들의 실력 향상에 크게 이바지 할 책으로써 부족함이 없다.
(영화음악감독, 대중음악 작곡가, 백석예술대학 실용음악과 김규양 교수)

놀랍고 신기한 BIG 15 강의는 그동안 한국에서는 접할 수 없었던 체계적인 드럼강의라고 자신 있게 소개 합니다.
아는 것과 가르치는 것은 분명히 다른 분야 인데 유상일 교수님의 강의는 누구도 따라할 수 없는 최고의 강의 입니다.
(샴스 미디어 대표 손종혁)

이 책은 모던드러머들이 꼭 갖추어야 할 플레잉테크닉으로 접근하여, 어떤 현장에 있든지 드러머들에게 다양한 연습루틴을 제공합니다. 매일 매일 새로운 연습방법과 아이디어는 학습자에게 매우 흥미롭고 유익하다. 특별히 발전이 멈추었던 교회에서 찬양을 반주하는 이들에게 큰 도움을 줄 수 있을거라 기대됩니다. 저자의 다음번 레슨이 너무나 기다려집니다. 놀랍도록 발전한 자신을 기대하는 모든 드러머들에게 이 책을 강력히 추천합니다.
(어노인팅 베이시스트, 서울실용음악학교 베이스 학과장 한상도)

Drum Training
Volume 2

장르별 이해와 응용패턴

1강 - Rock Style	9P	
2강 - Combination	13P	
3강 - Rock Style 필인 응용	17p	
4강 - Rock Style 필인 응용 (2)	20p	
5강 - Blues Style	21p	
6강 - Blues Style (2)	24p	
7강 - Blues Fill-in	26p	
8강 - Blues Fill-in (2)	30p	
9강 - Jazz	31p	
10강 - Jazz (2)	32p	
11강 - Jazz (3)	34p	
12강 - Jazz Fill-in과 패턴 연주	35p	
13강 - Bossanova	36p	
14강,15강 - Bossanova (2)	38p	
16강 - Bossanova (3)	39p	
17강 - Funk	41p	
18강 - Funk (2)	42p	
19강 - Funk (3)	43p	

1강) Rock Style

1.Rock이란 무엇인가?

중급반 첫 시간엔 Rock Style 즉, Rock은 어떻게 연주하고 Rock Feel은 어떻게 내야하는지에 대해 알아볼 것이다. 물론, 이 짧은 글로 Rock Style을 다 알아볼 순 없지만 보편적으로 어떻게 하는 것인지 알아보고 샘플을 통한 플레이도 같이 해 볼 것이다. 그렇다면 Rock을 연주하기 전에 Rock의 역사에 대해 알아보려고 한다. Rock은 1950년 중반 쯤 연주되던 로큰 롤이 기반이 된 장르이다. 그래서 Rock은 파워풀하고 힘찬 즉, 에너지가 넘치는 스타일의 장르이다. 'Rock은 스타일이 좀 떨어지거나 삼류이다.' 라고 생각하는 사람이 간혹 있을 것이다. 또한 때려 부수는 음악으로 생각할 것이다. 그러나 절대~!! 그렇지 않다는 것을 알아두어야 한다. Rock은 굉장히 어려운 장르이고 Rock을 알아야 다른 스타일들을 잘 연주할 수 있다. 음악은 어떠한 스타일이건 모두 중요하고 어렵다. 그래서 필자의 책을 보고 연습하는 연주자들이 집중해서 연주했으면 하는 바이다.

2. Rock의 주법

Rock에서 기본적으로 알아야 하는 것은 '2박과 4박의 백비트(Back Beat)'이다. 우리가 Rock을 연주할 때는 힘이 넘치고 파 워풀해야 한다는 것을 기억해야 한다. 또한 Rock은 스네어 드럼과 베이스 드럼이 책임을 져주어야 한다. 여기서 우리는 먼저 스네어 드럼 사운드에 대해 알고 넘어가야 한다. 스네어 드럼 사운드에는 '림샷 (Rimshot)'이라는 것이 있다. 이것은 사진처럼 스틱의 중간 부분을 테두리와 같이 내려쳐주는 것을 말한다.

Rock의 기본은 림샷이므로 이것을 많이 연습해야 한다. (림샷을 많이 연습하면 스틱이 부러지는 경우도 있다. 필자는 스틱 을 많이 부러트려야 한다는 의견이다. 그래야 연습을 많이 했다는 증거이니까.) 다시 한번 강조하지만 제일 중요한 것은 Rock Style에서 드럼은 사운드가 힘차야하므로 림샷에 관한 것을 꼭 기억해야한다. 그래서 어떤 사람은 스네어 드럼만 놓 고 림샷을 연습한다. 어떠한 베이스라인이 주어지더라도 드럼은 그 사운드를 책임져주면 된다. 즉, 곡에 따라 리듬을 맞춰 서 연주해주면 된다.

3. Rock Fill-In 패턴

지금부터는 Rock의 필인 패턴에 대해 알아보려고 한다. 필인이란 빈 소리를 가득 채워주는 것을 말한다. Rock에서의 필인은 거의 싱글 스트로크로 구성되어있다.. 나중에 배우겠지만 플램이나 드래그나 더블 스트로크가 나오지 않는다. (물론 여러 스트로크를 사용하는 사람도 있겠지만 여기서는 가장 스탠다드한 것을 배우려고 한다.)

우리가 배울 첫 번째 패턴은 16th note에 손과 발을 같이 쓰는 컴비네이션 플레이이다. 손부터 시작하는 패턴이고 또 많이 쓰이는 패턴이다.

Exe. 1

예전에 배웠던 16th note를 가지고 그대로 연습하면 된다. 연습을 할때 반드시 입으로 16th note를 말하면서 연습해야 한다.

두 번째 패턴은 스네어 드럼부터 들어간다. 여기서 중요한 것은 1 e n d 에서 d는 왼손으로 치는 것이다. 흔히 오른손으로 치기에 그 쪽으로 가게 되겠지만 왼손으로 쳐야한다는 것을 상기해야 한다.

Exe. 2

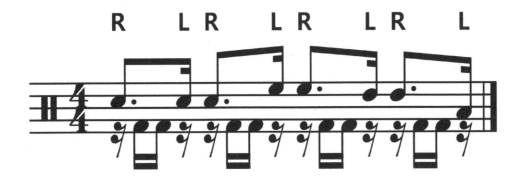

즉, 패턴을 연습할 때 스티킹 (sticking)에 대해서도 정확히 이해하고 넘어가야 한다. 그래야 정확하게 연습할 수 있다.

다음은 세 번째 패턴이다. 악보를 보면 알 수 있듯이 1번 패턴과는 반대이다. 1번 패턴은 스네어 드럼 즉, 손이 먼저 시작했다면 이번 패턴은 베이스 드럼이 먼저 시작한다.

Exe. 3

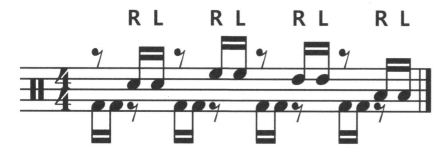

사실, 1번 패턴과 2번 패턴이 연주할 때 가장 많이 쓰이는 패턴이다. 그래서 연습할 때 여러 패턴들을 섞어서 연습하면 훨씬 재미있게 사용할 수 있다.

네 번째 패턴 역시 베이스 드럼부터 시작한다.

Exe. 4

지금까지 1번부터 4번의 패턴을 살펴보았다. 이 패턴들은 모두 16th note에 대한 컴비네이션이다. 즉, 모든 패턴에 (1 e n d) (2 e n d) (3 e n d) (4 e n d) 가 존재한다. 그러므로 패턴의 시작은 자기가 맞춰서 플레이 하면 된다. 일단은 연주를 할 때 보이는 하나하나를 다 잡아가며 플레이를 해야한다. 위에서 한 말이 이해가 안 갈수도 있으므로 사진에 보이는 패턴을 보면 된다.

Exe. 1   (Track 1)

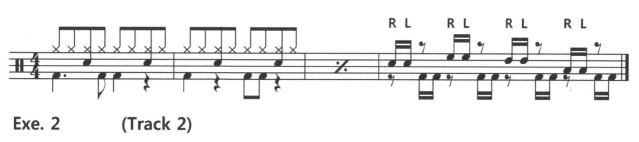

Exe. 2   (Track 2)

Exe. 3　　　(Track 3)

Exe. 4　　　(Track 4)

1번부터 4번까지의 연계 패턴을 보았다. 가장 중요한 것은 천천히 천천히 연습하고 사운드를 어떻게 내느냐 연구하는 것이다. 다시 한 번 강조한다!! Rock Feel, Rock Style이 되야 다른 스타일도 된다. 이것이 가장 기본적인 것이지만 뼈대가 되는 역할을 하는 것이다. 그러므로 더 파워풀하게 연습하면 된다.

4.Rock 응용패턴

이제부터는 지금까지 배운 패턴들을 가지고 응용해보는 시간이다. 어떻게 응용하느냐?
1번 패턴의 반을 떼고 2번 패턴의 반을 떼서 합치고, 2번 패턴의 반을 떼서 3번 패턴의 반을 합치는 식으로 응용할 것이다.

Exe. 1-2　　　　　　　　　　　　Exe. 2-3

Exe. 3-4

이 응용패턴의 연습에서 중요한 것은 고정관념에 얽매이지 말고 계속 자기 마음대로 섞어보는 것이다. 그렇게 하다보면 훨씬 재미있고 즐겁게 연습할 수 있을 것이다. 이렇게 섞어서 연습하다보면 무엇인가 색다른 느낌이 들 것이다. 연습하는 여러분들이 바로 이 느낌을 잡을 수 있어야 한다.

Homework

오선지에 16th notes를 이용해서 자신만의 아이디어로 필인을 만들어보자.

2강) Combination

1.Combination 패턴

지난 1강 컴비네이션에 대해 언급했었다. 이번 2강은 이제 어떻게 하면 이 컴비네이션 플레이를 재밌고 즐겁게 만들 수 있는가에 대해 알아본다. 다음 패턴은 컴비네이션 16th note를 사용한 아주 간단하고도 화려한 플레이이다. 악보를 보고 한번 연습해 보길 바란다. (재차 강조하지만 연습할 때 메트로놈을 틀어놓고 16th note를 입으로 세면서 연습해야한다.)

처음 메트로놈 60에 맞추어 놓고 천천히 연습하다가 손에 익을 때 속도를 올린다.

32연음 Fill-in

자, 이 패턴을 연습해보면 이전과는 틀린 패턴이라는 것을 눈치 챘을 것이다. 처음 2박까지는 이해할 것이나 플로어탐이 나오는 박부터는 이해하기 어려울 것이다. 주의해야할 것은 4 e n d하고 박자가 끝나는 것이 아니라 32연음이므로 4 e n d에 e n d 즉, 4 e n d n e n d 가 되는 것이다. 즉, 이것은 quarter note 한번에 8번을 치는 것이다. 그래서 4 e n d n e n d가 되는 것이다. 박자를 한 번 더 쪼개는 것이다.

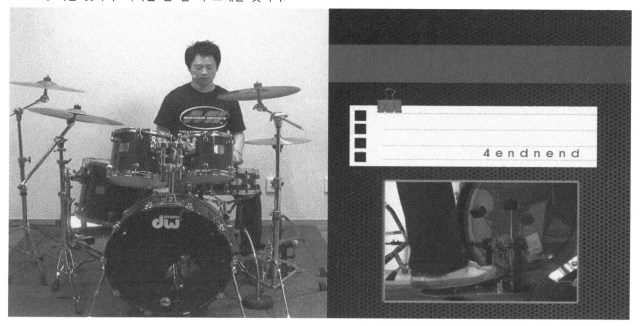

3박에서는 그림과 같이 하이햇을 크로스해서 치면 된다.

※ 중요한 것은 답은 정해져 있지 않다. 꼭 플로어탐을 치지 않고 다른 것으로 만들어서 쳐도 된다. 어떠한 테크닉을 배우면 계속 하는 것이 중요하다.

자, 그럼 방금 배운 패턴을 가지고 적용해보자. 악보를 보며 8비트와 결합해본다.
이 패턴은 되도록이면 알려주지 않으려 했으나 여러분을 위해 공개한다.
그러니까 책을 보며 열심히 연습하길 바란다.

지금까지 베이스 드럼 패턴은 모두 순수하게 한 패턴으로만 진행했었다. 그러나 여러 가지 패턴이 있다. 그리고 템포도 더 빠를 수 있고 느릴 수 있다. 그러므로 연습하는 여러분들이 여러 가지 적용해보며 연습을 해봐야 한다.

두 번째 패턴이다. 간단한 16th note를 이용한다.

컴비네이션 Fill-in

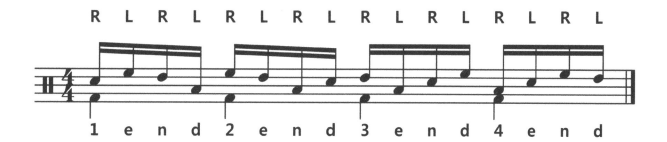

패턴을 연습하다보면 하나의 공식을 발견할 것이다. 시작하는 곳이 스네어 드럼에서 탐을 하나씩 옮겨가며 치는 것이 그 패턴이다. 중요한 것은 손 위치가 걸리지 않고 시원시원하게 움직여야 한다. 이 패턴에서 중요한 점 역시 크로스로 연습해야 한다는 것이다.

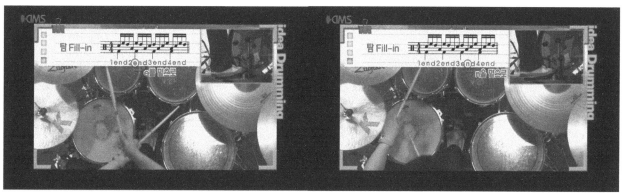

마지막 4박에서는 왼손이 위로 가면 안된다.

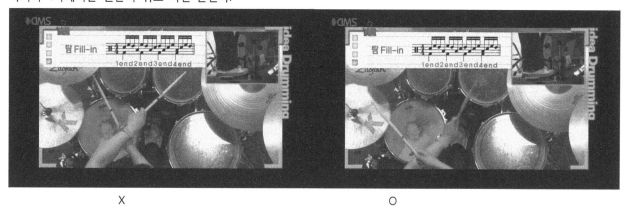

처음 이 패턴을 연습할 때 필자는 스틱으로 손을 치기도 했었다. 매우 아팠다. 그러나 어쩌겠는가? 아파도 참고 연습하였다. 이 패턴은 8th note와 결합해 써주면 매우 좋은 패턴이다.

이 패턴은 굳이 탐을 다 쓰지 않아도 된다. 다음과 같이 스네어 드럼만을 이용해 응용할 수 있다. 이와 같이 여러 패턴들을 연구하고 섞다보면 더 좋은 패턴이 나오기도 한다.

16th 응용 Fill-in 연주패턴   (Track 5)

이 패턴은 연주하다보면 굉장히 멋있는 패턴이다. 그러므로 꼭 많이 연습하면 좋을 것이다.

2. Rock Style을 마무리하며

1,2강을 통해 여러 패턴들과 필인을 알아보았다. 다른 강의에서 이런 리듬과 나중에 배울 리듬들을 섞어서 앙상블을 할 것인데, 그때 필인에 대한 팁을 더 나눠주도록 하겠다.

Homework
오선지에 16th notes을 이용해서 자신만의 아이디어로 필인을 만들어보자.

3강) Rock Style 필인 응용

1.Fill-In 응용

이번 강의는 우리가 지난 Rock Style 시간에 배웠던 필인들을 구체적으로 응용해보는 시간이다. 이번 강의부터는 직접 MR 을 듣고 연주를 해보려고 한다. 우리가 첫 번째로 연주해보려고 하는 플레이는 심플하게 컴비네이션을 응용하는 패턴이다. 악보를 통해 우선 살짝만 맛보기로 해보자.

컴비네이션 응용 Fill-in 1

※지금 보는 이 패턴은 나중에 동봉된 MR을 듣고 다시 연주할 것이다. 제공되는 MR은 템포가 100이다. 그러나 연습하는 여러분은 박자를 자유롭게 연습해도 된다. 중요한 것은 템포에 상관없이 완벽해야 한다는 것이다. 안되는데 빨리하려고 하지 말고 천천히 박자를 익히도록 하자.

지금부터 리듬은 아주 심플한 Rock Style이라 베이스드럼은 1박, 3박에 들어가는 플레이를 할 것이다. 지금 연습하고 있는 이 패턴들은 컴비네이션 베이스 드럼 플레이가 조금 틀려진 것이다. 그리고 하이햇, 라이드 심벌을 응용한 플레이는 연습하는 여러분이 자유롭게 바꾸면 된다. 필자는 여러분에게 아주 간단한 플레이로 조금만 바꿔도 다양하게 나오는 패턴을 제공하고 있다. 나도 여러분들이 얼마나 효과적으로 재밌게 사용할 수 있을까 연구하고 생각한다. 자, 동봉된 MR을 듣고 다시 한 번 연습해보자.

컴비네이션 응용 Fill-in 연주패턴 　　(Track 6)

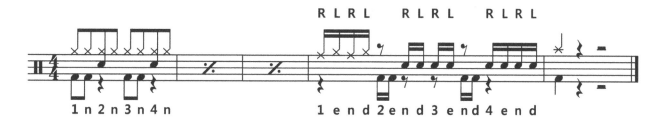

이번 강의를 통해 필자가 말하고 싶은 것은 'Idea'이다. 저 리듬을 가지고 드럼의 어느 부분을 연주해도 상관없다. 충분한 아이디어를 내서 연주를 하는 것이 중요하다. 또한 연습법을 다시 한 번 강조하자면 안 되면 템포를 낮춰서 사운드를 내며 될 때 까지 연습하는 것이 중요한 포인트이다.

두 번째 패턴도 마찬가지이다. 지난번 시간에 배운 16th note 위치를 바꾸어서 연습한 것을 기억하는가? 이렇게 패턴을 왜 바꾸었을까? 이것이 패턴이다. 그리고 쉬운 것을 가지고 조금만 바꾸고 멋지게 다듬으면 그것이 곧 아이디어인 것이다. 멋 있는 것, 눈에 보이는 것을 따라가려고 하지 말고 기본적인 것을 연주하고 틀을 깨면 다른 것이 나온다는 이야기이다. 그 러므로 여러분들도 생각을 많이 하고 많이 그려봐야 한다. 이번 패턴에선 이 패턴을 사용할 것이다.

컴비네이션 응용 Fill-in 2

그러나 이 패턴을 모두 쓰면 처음엔 매우 분주하고 어렵다. 필자는 초급반에서 중급반으로 막 넘어온 여러분들의 실력이 미안한 이야기지만 그리 뛰어날 것이라고 생각하지 않는다. 그래서 두 번째 패턴은 이렇게 응용하기로 결정했다.

16th 응용 Fill-in

간단한 패턴이지만 굉장히 비주얼하고 잘만 사용하면 멋있는 패턴이다. 앞에 두 박을 응용해서 지난 시간에 배웠던 패턴 을 적용했다. 지난 강의 때 열심히 연습한 사람이라면 충분히 할 수 있을 것이라 생각한다. 동봉된 MR을 듣고 다시 한 번 연습해보자.

16th 응용 Fill-in 연주패턴   (Track 5)

매우 간단한 패턴이다. 연습만 충분히 한다면 쉽게 플레이 할 수 있다. 중요한 것은 Rock의 Style이 무엇인지 정확히 알고 플레이해야한다. Rock에서 내야 할 소리는 내주어야 한다. (소극적 플레이가 아닌 적극적 즉, 파워풀한 플레이) 이 말을 명 심하고 위 그림의 패턴을 다시 한 번 연습해보자.

4강) Rock Style 필인 응용 (2)

세 번째 응용패턴은 조금 더 연구해야하는 패턴이다. 우리가 예전에 배웠던 파라디들 (좌우 번갈아 치는 연타)을 기억하는가? 기억이 잘 안날 수도 있으니 그림을 보며 다시 기억하면 좋겠다.

파라디들 응용패턴 1

우리는 이 파라디들을 라이드 심벌 – 퍼스트 탐 – 스네어 드럼, 하이햇 – 플로어탐 – 스네어 드럼 으로 응용할 것이다. 위치를 바꾸는 이유는 좀 더 비주얼적이고 테크닉적으로 보이기 위해서이다. 자세한 설명은 아래에 첨부한 악보를 보며 연습하길 바란다.

파라디들 응용패턴 2

물론 좀 더 쉽게 갈 수 있지만 그렇게 하지 않는 이유는 우리가 좀 더 생각해보고 적용해보기 위해서 이다. 여러분들도 여러 가지 방법으로 바꿀 수 있다. 필자가 한 이 패턴은 미국에서 유학할 때 커리큘럼에 있던 패턴이다. 우리가 이 파라디들을 가지고 리듬을 칠 수 있고 필인을 할 수 있다. 그것은 여러분의 자유이다. 하지만 다음과 같이 우리가 이 파라디들을 락 필인에 한번 적용해보는 것이다.

파라디들 응용패턴 3

이 패턴을 처음 보면 어떻게 사용한 것인지 막막하게 느껴질 수도 있을 것이다. 이 패턴은 파라디들이 3박, 4박에 들어간다. 이 패턴에서 보여지는 것처럼 파라디들을 어떻게 사용하느냐는 여러분들의 몫이다. 이 것을 가지고 리듬으로도 사용할 수 있지만 우리는 지금 필인으로 사용한 것이다. 동봉된 MR을 가지고 다음과 같은 패턴으로 연습해보자.

파라디들 응용패턴 3 응용   (Track 7)

사실 이 패턴은 연습을 많이 해야 한다. 와일드한 패턴이므로 천천히 하면 어느정도는 가능하나 빠르게 연주하는 실전에 들어가면 버거워지기 때문이다. 파라디들을 많이 연습하다면 더 재미있고 효과적으로 사용할 수 있을 것이다. 파라디들의 연습 팁을 주자면 패드연습을 많이 해야 한다는 것이다. 이제 마지막 네 번째 패턴이다. 이 패턴은 지난번에 배운 패턴을 응용한다.

Fill-in 응용 패턴 4

중요한 것은 사운드를 내면서 하면 훨씬 더 템포감이 좋아진다. 아무 생각 없이 연습하지 말고 반드시 사운드를 내면서 연습해야 한다. 우리가 연습하는 템포가 100이라면 마지막 32박은 템포가 200이 된다. 그러므로 패드에서 연습을 충분하게 해주어야 한다. 그만큼 기본기가 충실히 된 사람은 연주가 가능하다는 것이다. 될 때 까지 템포를 조절해서 연습하는 것이 매우 중요하다! 다시 한 번 연습해보자.

2. 패턴을 마무리하며

우리가 배웠던 응용 패턴을 모두 마쳤다. 지금까지 간단한 패턴을 알려주었지만 이젠 여러분이 응용해보며 적용해봐야 한다. 더 열심히 연습하고 연구해보는 여러분이 되길 바란다.

Homework
오선지에 16th notes을 이용해서 자신만의 아이디어로 파라디들 필을 만들어보자.

5강) Blues Style

이번 강의는 Blues Style에 대해 공부할 것이다. Blues에 대해 간단히 설명하자면 Blues는 19세기 중반 아프리카 흑인 노예들의 슬픔을 노래한 것이다. 그래서 블루스 스타일이 Jazz나 R&B, Rock까지 영향을 미치게 되었다. 이 블루스 스타일을 열심히 한다면 여기에서 파생된 장르들을 더 잘 연주할 수 있다. 특별히 블루스 리듬 즉, 셔플 그루브와 블루스 필인에 대해서도 배울 것이다. 조금 지루할 수도 있지만 열심히 독자들이 따라와 주면 고맙겠다.

재즈하고 블루스는 트리플렛 노트를 사용한다. 셔플 그루브는 트리플렛 노트에서 가운데 Ta가 빠진 리듬이다. 이해가 잘 안 갈수도 있으므로 다음 그림을 참조하자.

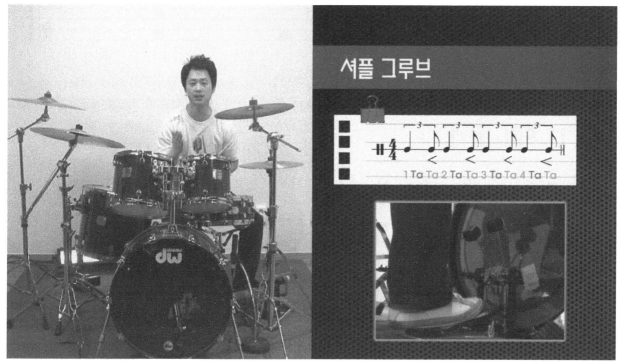

이 비트에 2,4박은 스네어 드럼을 넣으면 된다. 1,2,3,4 박엔 베이스 드럼을 넣으면 된다. 그렇게 해서 연주하면 이런 패턴이 된다.

Exe.1

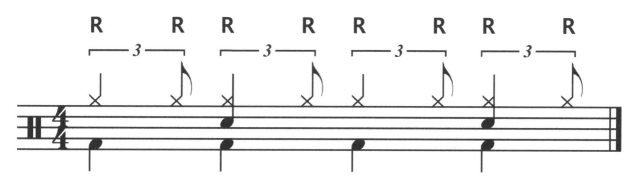

중요한 것은 트리플렛 노트 안에 있는 바운스를 살려주는 것이다. 느린 블루스이든 빠른 블루스이든 이 느낌을 최대한 살려야 한다.

두 번째 패턴은 하이햇을 라이드 심벌로 그대로 옮긴 패턴이다.

Exe.2

라이드 심벌이 소리가 더 크므로 인트로나 후렴구 부분에서 라이드 심벌로 옮겨서 연주해주면 더 좋다. 그러나 하이햇만 치다가 라이드 심벌로 바로 옮겨가면 소리가 비어있기 마련이다. 그래서 그 사이사이를 채워 줄 필인을 배워보자.

Exe.1) Fill-in 1

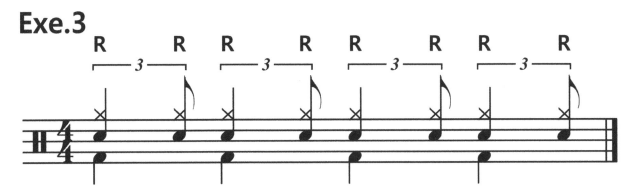

필인이 어느정도 손에 익었다면 2번 패턴과 필인 1번 패턴을 이어서 연습해보자.

세 번째 패턴은 스네어 드럼과 하이햇이 같이 가는 패턴이다. 여기서 2, 4박은 액센트가 들어가야 한다.

Exe.3

네 번째 패턴도 라이드 심벌로 옮겨서 그대로 연주하는 패턴이다.

Exe.4

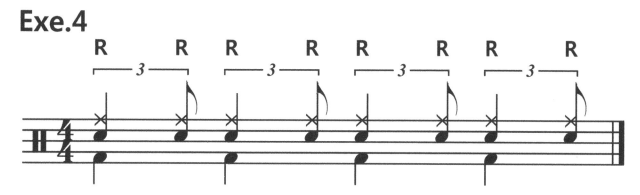

다섯번째 패턴은 고스트노트가 들어간 패턴이다. 고스트노트는 일단 약하게 치는 거라고 생각하고 연습해보자.

Exe.5

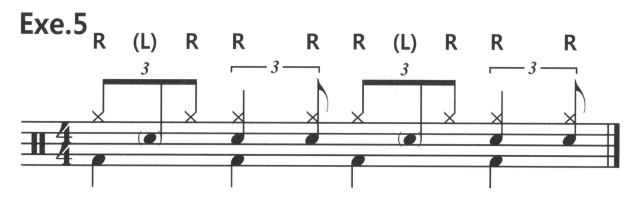

어떻게 이 패턴들을 효과적으로 쓸 수 있는가는 독자들의 몫이다.

6강) Blues Style (2)

이제 더 효과적으로 쓸 수 있도록 몇 가지 필인을 더 알려주도록 하겠다. 앞으로 나오는 패턴들은 반드시 1번 기본 패턴과 연결해서 연습해야 효과적인 연습이 된다.

Exe.1

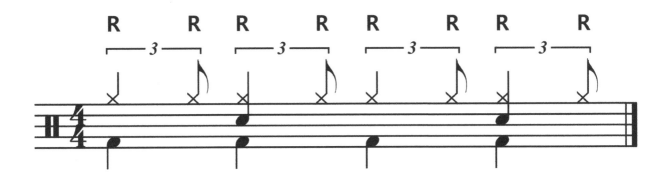

이 필인 패턴은 1번 필인 패턴과 비슷한 패턴이나 탐을 위주로 돌리는 패턴이다.

Exe.2) Fill-in 2

3번 필인 패턴은 조금 어려운 패턴이다. 이 필인은 필인으로도 응용할 수도 있지만 리듬처럼도 이용할 수 있는 필인이다.

Exe.3) Fill-in 3

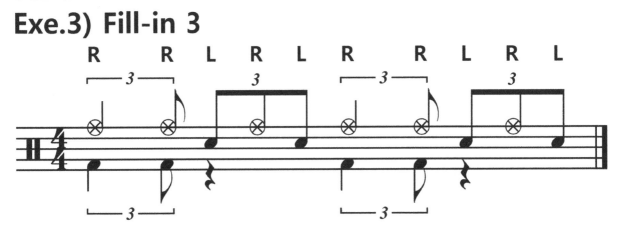

이 패턴을 이렇게도 이용할 수 있다.

Exe.4) Fill-in 4

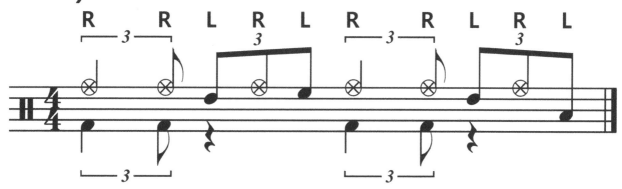

이번 강의에서 재차 강조하지만 가장 중요한 것은 1번 기본 패턴의 바운스 리듬과 여러분들이 개인적으로 연구한 패턴을 오선지에 그리는 것이다. 그래서 더 많은 것들을 연주하고 쓸 수 있는 여러분들이 되었으면 좋겠다.

7강) Blues Fill-in

이번 강의에서는 블루스 셔플에서의 필인을 배워볼 것이다. 지난번에 했던 강의와 비슷하게 하므로 어려울 것이 없다. 잘 따라와 주길 바란다.

첫 번째 패턴이다. 그냥 트리플렛 계열로 이루어진 간단한 패턴이다. 이런 패턴들이 심플하지만 재미있게 적용할 수 있는 패턴이다.

블루스 Fill-in ex.1

어느 정도 손에 익었다면 지난 강의 때 배운 1번 기본 패턴과 응용해서 MR을 틀고 연습해보자.

두 번째 패턴은 탐 응용하는 부분이 조금 바뀐 패턴이다.

블루스 Fill-in ex.2

이 패턴 역시 MR을 듣고 연습해보도록 하자.

세 번째 패턴은 심벌을 이용한 간단한 패턴이다.

블루스 Fill-in ex.3

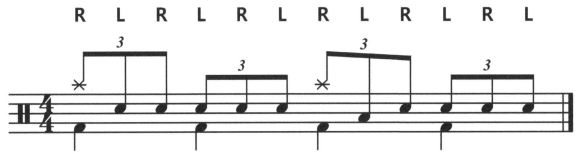

이 패턴도 MR을 듣고 연습해보자.

블루스는 테크닉적으로 어렵진 않지만 느낌을 살리는 것이 매우 어려운 장르이다. 그래서 음악도 많이 들어보고 연주도 많이 해보는 것이 중요하다.

네 번째 패턴은 지난 강의 때 벨을 사용했던 패턴을 사용한다. 이 패턴은 리듬으로도 사용할 수 있는 패턴이다.

블루스 Fill-in ex.4

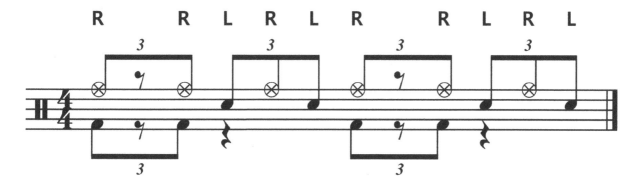

8강) Blues Fill-in (2)

다섯 번째 패턴은 네 번째 패턴과 매우 흡사하지만 탐도 들어가는 패턴이다. 이 패턴은 많이 사용되는 고급스러운 패턴이다.

블루스 Fill-in ex.5

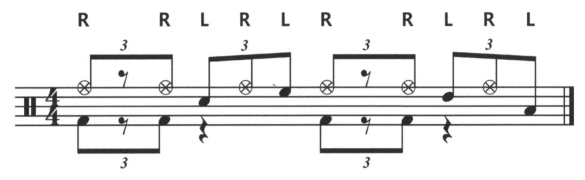

이 패턴은 4번째 패턴과 같이 사용할 수 있어야 한다. MR을 듣고 다시 한 번 연습해보자.

여섯 번째 패턴은 탐과 스네어만 응용되는 패턴이다. 이 패턴은 스틱을 크로스해가면서 연습해야하는 패턴이다. 천천히 손을 맞추어 가면서 연습해보자.

블루스 Fill-in ex.6

이 필인들을 동봉된 MR과 함께 연주해보자.

Exe.1) Fill-in 1을 이용한 연주   (Track 8)

Exe.2) Fill-in 2을 이용한 연주　　　　　**(Track 9)**

Exe.3) Fill-in 3을 이용한 연주　　　　　**(Track 10)**

Exe.4) Fill-in 4을 이용한 연주　　　　　**(Track 11)**

Exe.5) Fill-in 5을 이용한 연주　　　　　**(Track 12)**

Exe.6) Fill-in 6을 이용한 연주　　　　　**(Track 13)**

마지막으로 지금까지 배운 필인들을 응용해서 12마디를 연주해보자.

12마디 블루스 응용 패턴   (Track 14)

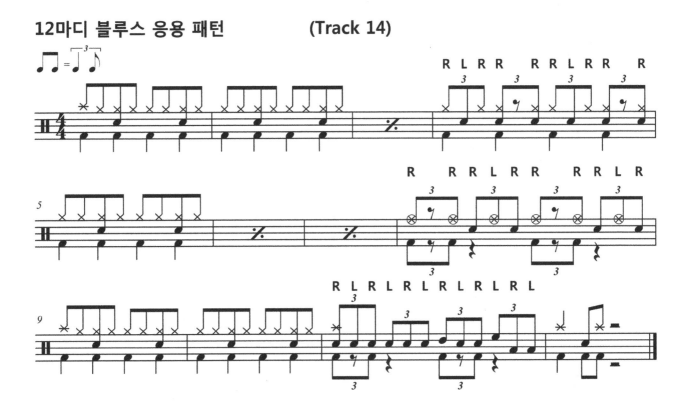

Homework

오선지에 트리플렛 노트를 이용해서 자신만의 아이디어로 블루스 필인을 만들어
보자.

9강) Jazz

이번 강의 때는 재즈의 리듬이 어떤 것인지, 컴핑은 어떻게 하는 것인지, 간단한 필인은 어떻게 하는 것인지 알아보는 시간이다. 재즈 리듬 자체가 안 해봤기 때문에 어려울 것이다. 그러나 초급 첫 시간에 이야기 했듯이 트리플렛 노트가 잘 되어 있다면 재즈를 연주하는 것도 어느 정도 될 것이다. 재즈는 흑인들 음악의 한 부분이다. 재즈도 시대별로 나뉘므로 관심이 있다면 개인적으로 찾아보도록 하자.

Rock은 스네어와 베이스 소리가 제일 커야 하는 2&4 음악이라고 할 수 있다. 그러나 Jazz는 라이드와 하이햇 소리가 가장 커야 한다. 요즘은 퓨전 스타일도 있어서 재즈에서 스네어와 베이스가 큰 소리도 있지만 지금 배울 재즈는 가장 스탠다드한 리듬을 배울 것이다. 한 가지 중요한 것은 재즈에서는 그립 잡는 법이 틀리다. 보통 잡는 아메리칸 그립이 아니라 약간 손을 눕혀서 잡는 프렌치 그립이 사용된다.

스윙의 기본 리듬을 알아보자. 다음과 같은 리듬이 사용된다. 하이햇은 2, 4에 밟아주면 된다.

기본 Swing 리듬

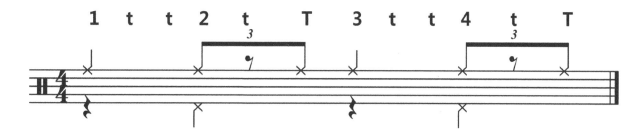

재즈에서는 라이드 심벌을 치는 것이 편안해야 재즈를 즐겁게 연주할 수 있다.

10강) Jazz (2)

이제 배울 것은 '컴핑'이라는 것이다. 이 '컴핑'은 연주할 때 양념처럼 들어가는 리듬을 말한다. 이제 컴핑 악보가 제공 될 것인데 이 컴핑 악보는 트리플렛 노트가 아닌 Quarter note와 8th note로 기보되어 있다. 이해가 안가는 독자들이 있을 것인데, 재즈 악보에서는 트리플렛 노트의 표기를 8th note로 한다. 사운드는 그대로 트리플렛의 노트를 내면서 연주하는 것이다. 그냥 이렇게 약속하는 것이다. 더 쉽게 보고 더 쉽게 그리기 위해서 컴핑을 이렇게 그리는 것이다.

자 그럼 재즈에서 사용되는 컴핑을 알아보기로 하자. 매우 어렵게 느껴질 수 있으므로 먼저 스윙의 기본 리듬을 연습해보고 그 다음 스네어를 넣어서 연습해보도록 하자. 컴핑은 리듬을 연주하다가 포인트를 넣어줄 때 사용하면 된다. 스윙 리듬이 자연스러워 지면 이제 컴핑을 넣어보는 것이다.

Jazz Comping 1

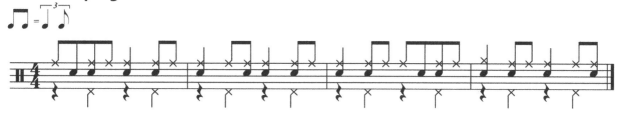

이 네 마디가 연습이 안된다면 한 마디 한 마디 끊어서 연습해보고 그래도 안 된다면 한 박 한 박 쪼개서 연습할 필요가 있다. 중요한 것은 컴핑이 들어가는 스네어 소리가 크면 안 된다는 것이다. 라이드하고 하이햇은 크게 쳐도 되는데 스네어는 약하게 쳐야한다. 컴핑은 양념이기 때문이다.

11강) Jazz (3)

이번엔 컴핑 5~8마디 이다. 포인트 있게 연습해야 하는 패턴이다. Quarter note가 4개 있고 8th note가 4개 있는 패턴이다. 이게 연습이 잘되야 컴핑이 자연스러워진다. 안 되면 무조건 천천히 연습해 보자. 틀리는 것은 중요하지 않다. 틀리는 것을 아는 것이 중요하다. 그러므로 계속 틀려보자. 시행착오를 겪으면서 연습하다 보면 어느샌가 제대로 연습하고 있는 자신을 발견하게 될 것이다.

Jazz Comping 2

이제 자신만의 컴핑을 만들어 보는 것도 중요하다. 멜로디에 따라 들어가는 컴핑이 틀려진다. 주어지는 멜로디에 맞게 자신만의 컴핑을 만들어보도록 하자. 컴핑에는 1 T T에서 T의 개념이 매우 많다. 그러나 T만 들어가는 컴핑을 만드는 것이 아니라 여러 박이 섞이는 컴핑을 만드는 것도 중요하다.

자 이제 이때까지 배운 것을 다시 정리해보도록 하자

1. 스윙의 기본 리듬 - 라이드 심벌과 하이햇이 커야하고 스네어와 베이스는 양념이므로 약하게 쳐야한다.

기본 Swing 리듬

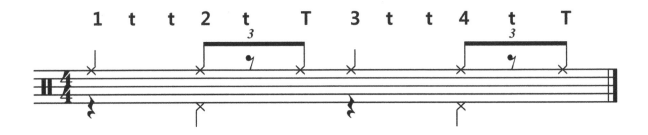

2. 컴핑은 Quarter note를 1 T T의 1으로 보고 8th rest와 8th note를 T로 보도록 한다.
(Quarter note : **1** T T   8th rest, 8th note : 1 T **T**)

3. 안되더라도 천천히 연습하도록 한다. 한 마디 , 한 박씩 끊어서 연습해보는 것도 좋다.

12강) Jazz Fill-in과 패턴 연주

이 시간에는 간단한 재즈 필인을 배워볼 것이다. 중요한 것은 락 드럼 처럼 강하게 쳐서는 안 된다는 것이다.

Jazz Fill-in 연주 패턴

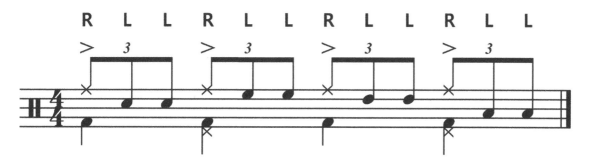

이 간단한 패턴을 가지고 다음과 같이 컴핑 연주를 할 수 있다.

재즈 컴핑 연주　　　(Track 15)

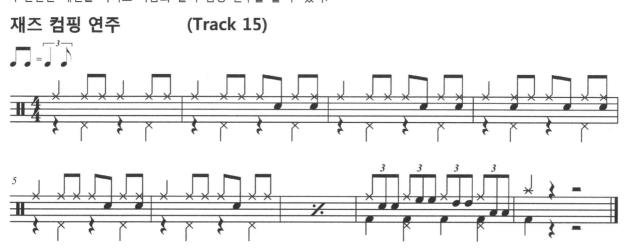

연습할 때 흥얼흥얼 하면서 연습하는 것도 좋다. 그렇게 연습하면 조금 더 효과적으로 재즈를 연습할 수 있다. 분명히 재즈는 쉽지 않지만 얼마나 라이딩과 컴핑과 친해지느냐에 따라 재즈를 즐겁게 연주할 수 있는가가 갈린다.
MR을 듣고 위의 8마디를 다시 한 번 연주해보자. 그리고 속도를 천천히 높여서 연습해보도록 하자.

13강) Bossanova

이번 강의 때 배울 것은 보사노바이다. 보사노바는 라틴 계열의 음악이다. 라틴에는 브라질리안 뮤직과 아프로큐반 뮤직이 있는데, 보사노바는 이 브라질리안 뮤직 중의 한 가지이다. 브라질이 포르투갈의 식민지지배를 받던 때 귀족들이 브라질에 와서 이 삼바 음악을 듣고 매우 매력적으로 느꼈으나 삼바는 너무 빠르고 천박하게 느껴져서 이 삼바를 그대로 발라드화 만든 음악이 바로 보사노바이다. 교양 있고 귀족적인 음악으로 들리기 쉽다. 이 보사노바 음악에서 드럼의 베이스는 굉장히 작게 들린다.

보사노바 리듬은 재즈하고 리듬패턴이 비슷하다. (그러나 컴핑은 다르다.) 손은 8th note로 라이드 심벌에서 연주하는 패턴이다.

Bossanova 기본 리듬

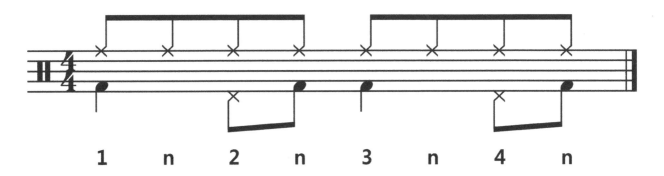

베이스하고 스네어 컴핑은 양념이다. 베이스 리듬은 보사노바에서 거의 일정하게 유지된다. 이제 이 리듬에 스네어 컴핑이 들어가면 된다. 보통 보사노바에서 스네어는 다음과 같이 크로스 스틱으로 연주한다.

이 크로스 스틱에서 제일 중요한 것은 자기가 가장 듣기 예쁜 소리를 찾아줘야 한다는 것이다.

마찬가지로 보사노바에서도 컴핑을 할 수 있다. 보사노바 컴핑에서는 재즈에서 썼던 똑같은 패턴을 볼 것이다. 왜냐하면 보사노바에서도 쓸 수 있기 때문에다. 8th note로 기보되었기 때문이다. 재즈는 트리플렛 노트여서 1 T T로 보았다면 이 것은 그냥 8th note로 읽으면 된다.

스네어 컴핑

처음이라 컴핑을 넣는 것이 매우 어려울 것이다. 그러니까 천천히 차근차근 연습해보도록 하자.

컴핑은 어떻게 사용하느냐에 따라 노래가 틀려진다. 예쁘게 컴핑을 사용하는 사람은 노래가 예쁘게 되고 지저분하게 컴핑을 사용하는 사람은 노래가 지저분하게 된다. 그러므로 컴핑의 중요성은 매우 크다.

14-15강) Bossanova (2)

이번 강의엔 지난시간에 보여 졌던 기본적인 스네어 리듬을 가지고 컴핑 악보를 리딩하는 시간을 가질 것이다. 어떻게 보면 크로스 스틱 때문에 재즈보다도 컴핑하는 것이 어렵게 느껴질 수 있다. 그러나 천천히 연습해보면 안될 것도 없다. 악보를 보고 천천히 컴핑을 연습해 보자.

Bossanova Comping 1

어렵다면 한 마디 한 마디 짧게 쪼개서 연습해보도록 하자. 명심해야 할 것은 재즈 컴핑처럼 스네어 드럼이 커서는 안 된다.

사실 이 컴핑은 어느 리딩 책에 있는 한 부분이다. 필자가 미국에서 유학 중 놀랐던 것은 미국 사람들은 이 컴핑을 재즈 솔로나 보사노바에서 여러 가지로 응용한다는 것이다. 그런 아이디어를 생각하고 만든다는 것이 매우 놀라웠다. 이런 이론적인 배경을 가지고 치다보면 악보를 읽는 것에도 능해질 수 있고 더 쪼개거나 다른 것을 만들어 낼 수도 있다. 필자가 이 리딩 패턴을 주는 이유는 이러한 패턴들이 연습할 수 있는 자료로 쓰여질 수 있다는 것이다. 여기서 주어지는 패턴으로 끝나는 것이 아니라 다른 다양한 패턴으로 응용해서 연습한다면 리딩하는 감각과 컴핑하는 감각도 좋아질 수 있다.

이어서 이 컴핑도 연습해보도록 하자. 특히 1-2 마디는 많이 연습해두도록 한다.

Bossanova Comping 2

입으로 사운드를 내면서 연습을 천천히 해보도록 하자. (필자도 헷갈리기 때문에 사운드를 내면서 연습한다.)

이때까지 배운 컴핑들을 다음과 같이 응용할 수도 있다.

보사노바 기본 응용

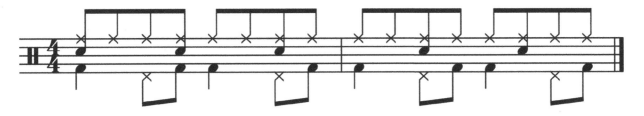

만약 연습이 정말 안된다면 악보를 그려보고 스네어가 들어가는 부분에 동그라미를 쳐서 보는 방법도 좋은 방법이다. 필자는 처음에 그렇게 연습하였다.

16강) Bossanova (3)

이번엔 MR을 듣고 보사노바의 패턴을 연주해보려고 한다. 컴핑은 편안하게 갈 것이다. 스트로크도 사용하고 크로스 스틱도 사용할 것이다. 8마디 MR이 주어지는데, 리듬이 제일 중요하다. 리듬이 되지 않는다면 컴핑도 아무 소용이 없다. 먼저 MR을 듣고 기본 리듬부터 연주해보자.

Bossanova 기본 리듬 (Track 16)

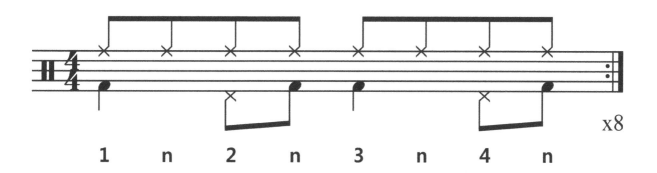

기본 리듬에서 적응이 되었다면 첫 번째 컴핑을 연주해보도록 하자.

Bossanova Comping (Track 17)

크로스 스틱하고 스트로크를 어떻게 이용해서 자연스럽게 사용할 수 있는지 각자의 방법을 찾아야 한다.
이번엔 130 Tempo의 MR을 듣고 기본 패턴을 연주 한 후에 크로스 스틱만을 사용해서 다음 컴핑을 사용해보자.

Bossanova Comping (Track 18)

이번엔 크로스 스틱과 스트로크를 같이 사용해서 연주하는 패턴을 연습해보자.

Bossanova Comping   (Track 19)

이 노트들 안에서 컴핑을 만들고 스트로크와 크로스 스틱을 사용하면 된다. 바뀌는 것은 스네어 컴핑만 바뀌고 라이드 심벌과 베이스, 하이햇은 바뀌지 않는다. 컴핑과 베이스 드럼 사운드는 반드시 작아야 한다는 것을 기억하도록 하자.

우리는 브라질리안 뮤직 중에 하나인 보사노바를 배워보았다. 더 열심히 분석하고 느낌을 잘 알아야 하므로 연습을 더 열심히 하도록 하자.

17강) Funk

이번 강의는 Funk에 대해서 배우는 시간이다. 아마도 음악을 시작하면 가요나 팝 다음으로 많이 접하는 스타일이 Funk일 것이다. 이 Funk는 어떤 스타일이라고 말할 순 없지만 이 Funk는 굉장히 Free한 스타일이다. 즉흥적이고 편안하게 연주할 수 있기 때문이다. 대표적인 아티스트로는 James Brown, T.O.P, 소울라이브가 있다. 이 아티스트들의 음악을 들으면 대충 느낌이 올 것이다. 그러나 Funk가 딱 이런 스타일이라고 정의를 내릴 순 없다. 하지만 이런 스타일을 연습하다 보면 어떤 스타일이라는 것을 느낄 수 있을 것이다.

Funk에서는 16th note를 응용해서 연습해 볼 것이고 Fill-in도 응용할 것이다.
첫 번째는 16th note 기본 리듬이다. 이 기본 패턴이 자연스럽게 연주되어야 한다.

Funk 패턴 연주 1

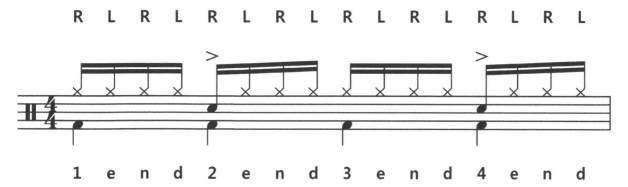

Feel과 그루브를 잘 살리는 것이 굉장히 중요하다. Funk도 바운스적인 느낌이 있기 때문이다.

이 필인은 Funk나 Fusion에서 많이 사용되는 필인이다. 한번 쯤 멋있게 쓸 수 있는 그런 패턴이다. 이 패턴은 오른손에 액센트를 주기 위한 필인이다, 중요한 것은 스티킹이 바뀌기 때문에 계산을 잘 해야 한다. 그러나 베이스는 계속 Quarter note로 가는 것을 명심하고 연습해야 한다.

Funk Fill-in 1

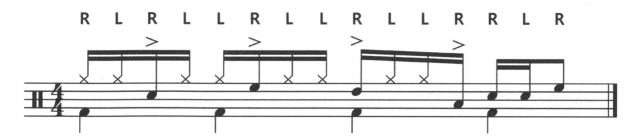

연습이 잘 안 된다면 베이스를 넣지 말고 손만 이용해서 연습을 해보는 것도 좋은 연습 방법이다. 이 필인에 대해서는 이론적으로 조금 더 계산해야한다. 그리고 Funk적인 느낌을 잘 살려서 (바운스 있게) 연습해야 한다.

18강) Funk (2)

두 번째 패턴은 리듬이 좀 바뀌는 패턴이다. 2&4 비트에서 스네어가 나오는 것이 아닌 다른 비트에서 스네어가 나오는 패턴이다.

Funk 패턴 연주 2

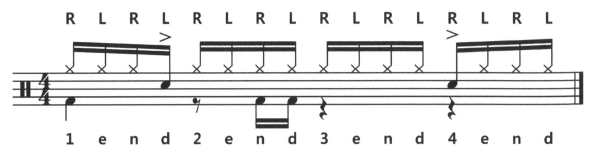

여기서 주는 그루브의 포인트는 D와 4이다. 꼭 사운드를 입으로 내면서 연습해야 한다. 명심해야 할 것은 독자 여러분의 마음대로 바꿔서 칠 수 있어야 한다. 여기서 필인이 들어가기 전 3번째 마디의 백비트를 다음과 같이 4 e 로 바꿔서 쳐볼 것이다. 이렇게 조금씩 변화를 주는 것도 중요하다.

Funk 패턴 연주 2-1

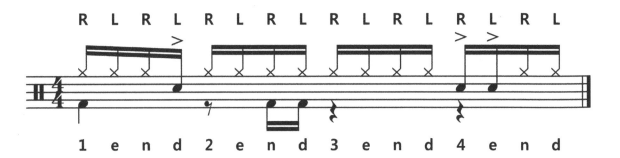

어느 정도 연습이 되었다면 다음과 같이 합쳐서 연습해보도록 하자.

Funk 패턴 응용

중요한 것은 오른손의 소리가 강하고 예쁘게 나야한다는 것이다. 정말 어렵다면 악보를 보고 분리해서 연습하는 습관을 들이도록 하자. 또한 여러분만의 패턴을 만들어보는 것도 중요하다. 오선지를 펼쳐놓고 여러분만의 느낌으로 패턴을 그려보도록 해보자.

19강) Funk (3)

세 번째 리듬은 16th note를 하이햇과 스네어 드럼으로 연주하는 고스트노트가 들어가는 패턴이다. 고스트 노트란 앞전에도 잠시 설명을 하였지만 백 비트보다 소리가 작은 것을 말한다. 즉, 스네어의 소리가 들릴 듯 말 듯 연주하는 것을 의미한다. 한번 악보를 보고 연습해보도록 하자.

Funk 패턴 연주 3

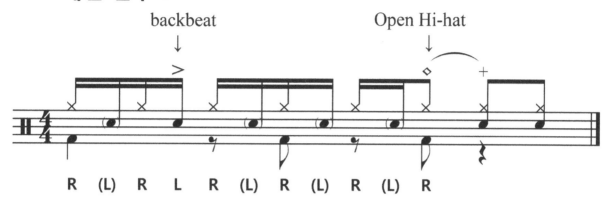

세 번째 다이아몬드 표시와 + 표시는 하이햇을 열고 닫아주라는 표시이다. 오픈 하이햇과 고스트노트가 들어가는 패턴이라 천천히 쪼개서 연습해봐야 한다. 그러나 천천히 쪼개서 연습하다보면 매우 쉬운 패턴이라는 것을 알게 될 것이다.

또한 필인 2번도 배울 것인데 1번 필인을 스네어로 그대로 옮겨놓은 패턴이다.

Funk Fill-in 2

즉, 이것을 보면 알 수 있겠지만 같은 주법이라도 위치를 바꿀 때 큰 변화가 있다는 것을 알아야 한다.
이번엔 패턴 3번과 필인 2번을 이어서 연습해보도록 하자.